FÉDÉRATION LATINE

285

PARIS

IMPRIMERIE DE L. TINTERLIN ET Cⁱᵉ

rue Neuve-des-Bons-Enfants, 3

CHARLES DE LA VARENNE

LA

FÉDÉRATION LATINE

PAR LES UNITÉS

FRANÇAISE, ITALIENNE ET IBÉRIQUE

PARIS

E. DENTU, LIBRAIRE-ÉDITEUR

GALERIE D'ORLÉANS, 13 ET 17, PALAIS-ROYAL

—

1862

LA
FÉDÉRATION LATINE

PAR

LES UNITÉS FRANÇAISE, ITALIENNE ET IBÉRIQUE

———— ⚓ ————

> « Une de mes plus grandes pensées avait été
> « l'agglomération, la concentration des mêmes
> « peuples géographiques qu'ont dissous, mor-
> « celés les révolutions et la politique. C'est avec
> « un tel cortége qu'il eût été beau de s'avancer
> « dans la postérité et la bénédiction des siècles.
> « Je me sentais digne de cette gloire. . . . . »
> « Tout le midi de l'Europe eût été compacte de
> « localités, de vues, d'opinions, de sentiments
> « et d'intérêts. Dans cet état de choses, que
> « nous eût fait le poids de toutes les nations du
> « Nord? Quels efforts humains ne fussent pas
> « venus se briser contre une telle barrière? »
> (NAPOLÉON, *Dictées de Sainte-Hélène.*)

I

NÉCESSITÉ D'UNE PROMPTE LIGUE ENTRE LES TROIS PEUPLES DE RACE LATINE.

Il y a cinq ans de cela, à la veille des grands événements qui allaient bientôt se produire, que je prévoyais proches et que j'appelais de tous mes vœux : — l'affranchissement de l'Italie par nos armes, le réveil des nationalités opprimées, le dernier coup porté aux odieux traités de 1815, — recherchant quelles devaient en être les conséquences naturelles dans un meilleur avenir, j'écrivais ce qui suit :

— 6 —

« Le trait profondément significatif de cette époque (1), le fait qui domine au fond et qui arrivera, dans un temps plus voisin qu'on ne le pense en général, à modifier d'une manière radicale l'état actuel de l'Europe, c'est ce travail sourd, mais continu, qui s'opère pour la réunion en groupes politiques distincts, de chacune des races qui se partagent notre continent, pour l'agrégation de tous les peuples d'une même famille, soit sous un seul sceptre, soit en une puissante fédération d'États.

« La délivrance des nationalités n'est que le premier acte de cette grande combinaison où tout l'avenir de l'humanité se trouve contenu.

« L'esprit d'association, que ce siècle a vu éclore et se développer si rapidement, se rencontre aujourd'hui au fond de toute idée, aussi bien dans la spéculation politique que dans les entreprises industrielles. Tout le monde se sent pénétré de cette vérité, que l'homme n'est puissant que par l'union, et que ses forces de tout genre, qui représentent individuellement bien peu de chose, atteignent l'infini en se combinant. De là cette tendance active et toute moderne des nations, que l'origine et les intérêts appareillent à se grouper dans un centre unique, politique, économique et industriel.

« Que maintenant l'ambition, les vues personnelles de certaines maisons souveraines viennent en aide à ce mouvement pour le régler, pour le hâter même, rien de plus certain ; mais au fond du panslavisme, au fond de l'union scandinave, de l'unité allemande et même de l'alliance anglo-germaine, toutes choses auxquelles personne ne songeait quarante ans en arrière, et qui deviennent peu à peu de formidables réalités, il y a l'idée latente de la force d'association ; il y a pour ces peuples l'instinct, qui ne s'endormira plus une fois éveillé, de devenir plus grands,

<hr>

(1) Les *Autrichiens et l'Italie,* p. 267, édition de 1858.

plus puissants et plus riches par la mise en commun de leurs forces et de leurs ressources.

. . . .

« Il est hors de tout conteste que l'Europe se réorganise dans un système entièrement différent du passé ; les subdivisions s'effacent et viennent se confondre dans une puissante unité de races où les anciens calculs d'équilibre ne se retrouvent plus.

« Trois grandes familles habitent notre continent : les Slaves, au Nord ; les Germains, au Centre, avec leur branche anglo-saxonne dans les Iles-Britanniques ; et les Latins, au Midi, auxquels trente millions de Grecs, voisins de l'Orient, se rattachent naturellement.

« De ces trois familles, deux sont déjà organisées ou à peu près. Les Slaves forment, sous la couronne de Russie, un empire militaire de presque quatre-vingts millions d'âmes ; ce sont les plus avancés, et ils travaillent activement à se rattacher les parties qui manquent encore à leur système. — Les Germains, par leur caractère et les précédents de leur histoire, s'en tiennent jusqu'ici à une combinaison fédérative qui réunit leurs forces contre l'ennemi commun, et le puissant rameau anglais vient encore leur prêter un énergique appui. — Seule, la race latine reste en fractions isolées non solidaires ; une considérable portion d'elle est même esclave de la Germanie (l'Italie, 1858), et laisse le grand centre latin, la France, à découvert contre les coalitions du Nord.

« Car, il ne faut pas se le dissimuler, si demain, par exemple, dans l'état actuel des choses, il prenait fantaisie au Nord de faire une nouvelle Sainte-Alliance, comme jadis, pour nous chercher querelle, qu'aurions-nous à opposer à quatre-vingts millions de Slaves, à quarante millions d'Allemands, doublés de vingt-cinq millions d'Anglo-Saxons, total cent quarante millions d'ennemis-nés ? — Si forte, si énergique que soit la France, seule contre cet océan d'envahisseurs, elle ne tarderait pas à succomber.

. . . .

« La race latine contient environ quatre-vingt-dix millions d'hommes répartis entre l'Italie, la Péninsule ibérique (Espagne et Portugal) et la France avec ses annexes naturelles, la Belgique et la Suisse française. Le centre de cette race, qui, dans les temps antiques, était à Rome, s'est déplacé ; il est en France aujourd'hui. Nous sommes la grande nation militaire et lettrée, la tête du monde, et Paris figure dans les siècles modernes la capitale des Césars. — Le génie de la race latine est unitaire, catholique et guerrier. Privée de chef, de pouvoir fort et centralisateur, elle tombe dans l'anarchie avec une facilité effrayante ; — habilement organisée et dirigée, elle constitue les premières nations du globe !

« Supposez une fédération de famille où la France formerait le centre, le corps de bataille ; l'Italie libérée, et l'Espagne, les deux ailes ; est-ce que le monde entier pourrait rien contre ce magnifique ensemble ? — A nous, Latins, seraient la plus belle et la plus savante armée, la plus forte marine de la terre. Prenez la carte d'Europe, et regardez un peu !

« Pourquoi la France, qui a le bonheur de posséder un gouvernement comme il le faut pour une entreprise de ce genre, puissant, respecté au dehors et obéi sans discussion au dedans, — pourquoi la France ne prend-elle pas l'initiative de cette alliance intime, qui profitera non-seulement à elle-même, mais surtout aux nations ses sœurs ? — L'Espagne, arrêtée dans l'effrayante dissolution où elle avance chaque jour ; l'Italie, délivrée des étrangers ; nous-mêmes, rentrés dans nos limites géographiques : quelle magnifique résurrection ! — Et quel rôle pour le souverain français qui présiderait à cette fédération !

. . . .

« Ils le savent bien, les hommes d'État du Nord, les coalisés anglo-russo-germains, ils le savent bien quel splendide avenir un pareil état de choses nous apporterait ! Les Latins occupant le centre de l'Europe, avec une avant-garde de dix millions de Roumains sur le Danube, avec un empire grec allié rétabli à Constantinople, seraient les maîtres du continent. Aussi voyez, en toutes circonstances, quelle étroite alliance contre nous et contre les nôtres ! L'alliance anglo-germaine se resserre, chaque fois qu'il s'agit de comprimer quelque élément latin ; c'est à ses efforts que les Principautés danubiennes devront de rester encore une fois séparées, et sous la suzeraineté révoltante des Turcs ; l'Angleterre, la *libérale* Angleterre, est le plus ferme soutien de la tyrannie allemande dans le Lombard-Vénitien (1).

« Au fond il y a toujours le sourd antagonisme contre nous, contre notre influence, contre le réveil possible de la grande famille romaine, que Napoléon avait refaite un instant maîtresse du monde. »

Depuis l'époque où j'exprimais ainsi ces idées, dont le courant irrésistible a, peu à peu, des couches supérieures de l'histoire et de la philosophie, pénétré dans les masses, elles ont fait, au point de vue pratique, des pas immenses. — L'Italie, à peu près délivrée, n'attend plus que sa capitale et quelques territoires qui ne sauraient tarder à lui faire retour, pour occuper sa place importante dans le groupe latin. — La France a réclamé pour l'Espagne le rang de grande puissance, posant ainsi un principe qui portera ses fruits à l'heure voulue. Un travail intérieur, dont je parlerai plus loin, ne saurait tarder d'ailleurs à doter la Péninsule ibérique de l'unité nécessaire pour former une grande nation. — Enfin, notre avant-garde latine sur le Danube forme déjà un seul État, la Roumanie, en

(1) Ainsi qu'on l'a vu de reste au début de la guerre de 1859. Actuellement, si l'Angleterre flatte l'Italie, c'est pour la détourner de l'alliance française, de cette fédération dont elle craint si fort les résultats.

attendant mieux. — Il n'est pas jusqu'au Nouveau-Monde où nous n'allions tendre la main aux populations de notre race, pour les tirer d'une anarchie destructive et empêcher l'envahissement par les Anglo-Saxons de tout le continent américain.

La question est donc plus que jamais à l'ordre du jour. — Les hommes du Nord, nos vieux et éternels ennemis, le sentent et en frémissent. Les deux puissances à qui revient la plus grande part dans nos malheurs et dans l'abaissement des Latins, resserrent leurs liens et emploient l'intrigue contre nous, en attendant de recourir aux moyens plus violents (1). — Cette grande idée du monde romain, toujours vivant, toujours à la tête de la civilisation, reconstituant, avec les formes modernes, un groupe solidaire, d'un poids immense, d'une force irrésistible, épouvante les Barbares d'outre-Rhin et d'outre-Manche, les mêmes absolument, bien que vernis et civilisés en apparence, toujours les mêmes qui, il y a quinze siècles, haineux, furieux et jaloux, ont envahi notre système et essayé de le détruire, mais en vain. — Le monde romain n'a pas cessé d'être. Dégagé peu à peu des ruines dont de sauvages occupations l'avaient couvert, le génie souple et persistant de notre race a renoué la chaîne des temps. Une vaste réaction s'est faite progressivement dans tous les genres contre la conquête barbare, et ses traces ont presque partout disparu. Et ce siècle réparateur verra enfin la réunion, si longtemps rêvée, de toutes les nations filles de Rome dans une ligue de famille offensive et défensive contre l'ennemi commun. De nombreuses intelligences signalent ce grand mouvement et s'y associent. — Un écrivain distingué disait dernièrement :

(1) « L'Autriche et l'Angleterre ont des intérêts communs, elles sont naturellement alliées pour leur politique extérieure, quelles que soient d'ailleurs les différentes formes de leurs gouvernements et les maximes opposées de leur politique intérieure. » — Châteaubriand, *Mémoires d'Outre-Tombe*, t. V, p. 17.

« Si l'invasion des tribus germaniques eut pour résultat le démembrement de l'Empire et l'éclipse de la civilisation romaine, elle n'anéantit ni cet Empire ni cette civilisation. Charlemagne eut la prétention nullement illusoire de continuer le règne d'Auguste et de Constantin. Plus tard, les Césars germains et les Papes se disputèrent l'héritage de Rome ; Dante, donnant à l'épopée de Virgile une suite splendide, chanta la perpétuité de l'Empire à travers les âges barbares, comme le poëte de Mantoue avait chanté son avénement sous Auguste. Avec le moyen âge finit le signe extérieur de cette perpétuité. L'Empire devint tout allemand ; la Papauté, comme pouvoir temporel, devint tout italienne ; mais ce fut précisément alors que l'idée romaine, débarrassée du double vêtement qui l'avait protégée dans cette longue et pénible transition, manifesta toute sa vitalité, et agit plus fortement sur les peuples de l'Occident, les appelant, comme Rome l'avait fait jadis, à une civilisation commune. Depuis cette époque, l'héritage de la cité du Tibre s'est constamment étendu, substituant le droit romain au droit des Barbares, le gouvernement administratif au gouvernement féodal, la souveraineté nationale à la monarchie de droit divin, l'hégémonie des races latines à la suprématie des races germaniques. . . . . La tradition romaine est vivante aussi. L'ensemble d'idées politiques, ou, pour employer une expression plus précise, l'idée politique représentée par le mot d'Empire romain, subsiste comme un fait fécond qui n'a pas porté toutes ses conséquences (1). »

« Il est un fait, écrivait M. Charles de Mazade, il est un fait dont il faut tenir compte, c'est l'existence de toute cette race latine dont la France reste la tête, après tout... Elle est moralement et intellectuellement un intermédiaire naturel entre les races méridionales et le reste de l'Europe. »

(1) *Revue contemporaine*, 30 juin. — Léo Joubert.

Tout nous rapproche entre Latins. Nous avons les mêmes traits, la même langue, diversement prononcée, la même religion, la même législation, les mêmes tendances philosophiques, politiques et littéraires, les mêmes mœurs, les mêmes goûts, la même manière de voir en presque toutes choses, et des intérêts politiques et commerciaux parfaitement semblables. — Et tout cela même nous différencie des autres peuples, nous rend antipathiques à eux, si peu pareils. — Mettez ensemble un Français, un Italien, un Espagnol ou un Portugais, ils s'entendront au bout de bien peu de temps, ayant mille points de contact et de ressemblance. (Ainsi, lorsque des contingents italiens ou espagnols se sont trouvés à côté de nos soldats en Crimée, en Italie, en Cochinchine, amitié immédiate, bonne et franche camaraderie.) — Mettez le même Français avec un Anglais, un Allemand, ou un Tartare-Russe, et vous verrez quelle répulsion instinctive et mutuelle naîtra aussitôt chez chacun d'eux !

(Exemple : faire servir des troupes anglaises ou allemandes avec les nôtres. — En 1669, le contingent anglais, envoyé par Charles II à Louis XIV, désertait en masse pour se joindre aux Hollandais et nous tirer dessus. — Après la déroute de Russie, de tant d'*alliés* réunis sous les drapeaux de Napoléon, les Italiens nous sont seuls restés fidèles, et jusqu'au bout ! Mais aussi les Italiens aiment la France et sont fiers d'elle (1). De ci et de çà des monts, ne sommes-nous pas des gallo-romains ?)

Et notre dissemblance des autres peuples sous le rapport physique n'est pas moins complète sous le rapport moral. — Dans le monde latin seulement, vous trouverez

______

(1) Il faut avoir vécu à l'étranger pour comprendre cela. — Avec quelle dédaigneuse hauteur n'ai-je pas entendu souvent des Italiens dire à des Allemands ou à des Anglais : « — Vous, tenir tête à la France ! Mais elle vous écrasera comme chair à pâté, le jour où vous oserez lever la main contre elle ! » — On sentait là encore la fibre des vieux soldats de Napoléon.

ce sentiment profond et absolu de la dignité humaine qui fait les nations libres et, civilisées. — Français, Italiens, Espagnols, nous ne souffrons pas, nous n'avons jamais souffert les châtiments corporels en usage dans tout le reste de l'Europe, en Angleterre même, ce soi-disant pays-modèle, où les soldats meurent sous le FOUET ! — Le bâton est l'instrument légal du pouvoir dans tout le Nord, féodal et sans respect de soi-même. Il y a des cours, en Allemagne et ailleurs, où les courtisans et aides de camp reçoivent fort bien des coups de pied de leurs maîtres, et... remercient. — A quelle époque cela s'est-il jamais passé ainsi chez un seul des trois peuples latins?

Comment voulez-vous que ces gens-là, en se comparant à nous, ne nous détestent point ! — Allez les voir chez eux et les entendre, et vous serez édifiés ! (1)

Cherchons donc notre force en nous-mêmes, et n'allons pas rêver de chimériques alliances, comme celle de la barbare Russie « pourrie avant que d'être mûre », comme celle de la haineuse Angleterre, dont l'unique pensée et l'unique action est de nous nuire en tout temps et en tout lieu.

L'idée de l'union des races latines n'est point neuve : elle s'est perpétuée à travers les âges depuis la chute de l'empire romain. Pour ne pas remonter plus haut, notre grand Louis XIV y voua son règne tout entier. On enten-

---

(1) Ce sentiment d'aversion des races germaniques particulièrement, contre les Latins et la France surtout, est bien rendu dans les deux traits suivants :

Après la bataille de Magenta, un ultra-libéral de Berne, presque un rouge, écrivant à un de ses amis une lettre que j'ai vue, s'exprimait ainsi : « Je conçois qu'il soit désirable que la puissance aristocratique « et oppressive de l'Autriche soit abaissée ; mais penser que *nos frères* « *allemands* sont battus par CES BLAGUEURS DE FRANÇAIS !!! »

Une association de dames de la même ville de Berne adressait au camp autrichien un énorme paquet de linge et de charpie, sous la condition écrite que « rien de cet envoi ne servirait pour les blessés « français et italiens ! » — Je puis donner la preuve de ce fait.

dait peut-être dans la pratique la chose un peu différemment que de nos jours, mais au fond c'était toujours le même instinct : la concentration des couronnes du monde latin dans une même famille, au lieu de la ligue moderne, librement consentie entre nos trois peuples. En envoyant son petit-fils à Madrid, Louis XIV pouvait dire : « Il n'y a plus de Pyrénées » ; de même que, plus tard, avec des princes de sa maison à Naples et à Parme, et le duc de Savoie parent et ami, on put dire également : « Il n'y a plus d'Alpes. »

Il y eut donc une période où toute la Latinité était groupée sous une même famille. Supposez un homme de génie à cette date, et cette fusion portait dès lors les brillants et durables résultats que nous lui demandons aujourd'hui.

Napoléon ne fit pas autre chose que reprendre l'œuvre de Louis XIV, bouleversée par la Révolution française. On a vu dans l'épigraphe qui ouvre ce travail quelle était sa pensée : — « Tout le midi de l'Europe eût été compacte de localités, de vue, d'opinions, de sentiments et d'intérêts. Dans cet état de choses, que nous eût fait le poids de toutes les nations du Nord ? Quels efforts humains ne fussent pas venus se briser contre une telle barrière ? » — Avec le monde latin organisé comme il en était capable, Napoléon se faisait et nous faisait les maîtres du globe. Il réussit avec les Italiens, qui lui demeurèrent fidèles jusqu'au dernier instant. Les Espagnols lui étaient dévoués, et se seraient avec joie groupés autour de nous : il n'y avait qu'à leur laisser leur vieux roi, qui ne demandait qu'à être un préfet impérial.

Napoléon, entraîné par la vaine gloriole de donner une couronne de plus à ses frères, froissa tous les sentiments nationaux de l'Espagne et la souleva contre lui. Les ports espagnols furent ouverts aux Anglais, et la chute de l'Empire s'ensuivit, au bout de quelques années. — Supposez l'Espagne amie, et unissant son armée à la nôtre, comme elle avait fait de sa marine à Trafalgar, et voyez quelles destinées différentes !

Il est plus que probable que la majorité des lecteurs français ignorent à quel point passionné l'idée de la fédération latine préoccupe les peuples du Nord, les coacteurs de cette Sainte-Alliance qui crut, en 1815, nous avoir abaissés à jamais, après s'être partagé l'Italie et avoir démembré la France. — Les passages que voici d'un document récent et célèbre, pourront ouvrir les yeux aux incrédules. — Le comité de la société nationale unitaire allemande (*Nationalverein*, réunie en assemblée générale à Cobourg, dans l'automne de 1861, sous la présidence de Cobourg-Gotha, proposait cette déclaration, votée à l'unanimité :

« . . . .

« L'idée d'une union de tous les Slaves est à l'horizon,
« et il devient clair pour les Allemands qu'ils auront bien-
« tôt à compter avec cette idée : le mot de panslavisme
« est dans toutes les bouches, et la Russie devient la tête
« de cette vaste confédération.

« En opposition au panslavisme, se dresse, au sud-est
« de l'Europe, l'idée de la réunion de toutes les popula-
« lations romaines ; — comme les Slaves se rangent sous
« l'égide de l'empereur de Russie, ces dernières arborent
« le protectorat de l'empereur des Français (suivent les
« délimitations ethnographiques du panslavisme et celles
« du *panromanisme*, c'est-à-dire, pour ce dernier, les
« Français, les Espagnols, les Portugais et les Italiens
« réunis dans un vaste faisceau).

« Le panslavisme est un fait accompli ; le panromanisme
« peut le devenir demain. En présence de cette situation,
« qu'ont à faire les tribus germaniques ? Attendront-elles
« que le panslavisme, profitant des différends qui ont surgi
« entre le Danemark et l'Allemagne, se soit emparé du

« Sund et du Belt? Attendrons-nous que la Belgique soit
« devenue une partie intégrante du panromanisme, et que
« la Hollande soit la proie de celui des deux systèmes qui
« voudra se donner la peine d'étendre la main pour s'en
« emparer?

« Nous disons énergiquement *non :* — la nécessité
« d'une confédération de toutes les tribus germaniques est
« depuis longtemps dans l'esprit des peuples ; le danger-
« manisme n'est plus une forme poétique, mais un vœu
« enthousiaste.

« Nous disons : le 10 novembre *a été posée la pierre*
« *fondamentale* du pangermanisme. »

Qu'on se le persuade bien, l'intervention anglaise dans
les affaires de l'Italie, les excitations si publiques aux Italiens contre la France, à propos de Rome et de tous les
sujets possibles, n'ont pas d'autre mobile que la frayeur que
cause aux Anglais cette idée de l'union des marines italienne et française, de la Méditerranée redevenue un lac
latin, de Malte rendue à l'Italie, Gibraltar à l'Espagne, et,
conséquence directe, les sept îles à la Grèce, notre cousine-
germaine et notre alliée naturelle?

« Que se passe-t-il sur le Rhin? s'écriait, il y a déjà
deux ans, un penseur original. — Quel est le rêve du paysan
du Danube? Quelle est l'attente des Hongrois, des Polo-
nais? Quelle est la crainte de l'Anglais, de tout seigneur
féodal? En un mot, quelle disposition montre l'Europe,
cette image agrandie du microcosme italien, cette fédération qui, semblable à celle de la Péninsule, se retrempe
continuellement par des explosions unitaires? Nos pères
ont vu celle de Napoléon Ier, et tout le monde en attend
une nouvelle. . . . .
« La déviation imminente dans l'axe européen s'annonce
aussi par la révolution économique qui abrège les commu-
nications, simplifie les croisements, et, par conséquent, di-

minue les centres et les frontières des États. La détresse s'empare des gouvernements inutiles ; la banqueroute les dévore. L'Allemagne a déjà réduit ses trois cents États à quarante ; l'Italie ses trente-huit à quatre ; on ne sait où s'arrêtera la nouvelle mortalité politique, mais on voit approcher de nouveaux remaniements (1). »

Ces remaniements nouveaux, tout le monde les connaît. C'est l'unité germanique, contre laquelle il n'est pas trop tôt de nous prémunir ;—l'union scandinave, pour protéger la Suède et le Danemarck contre le panslavisme d'une part et l'unité germanique de l'autre ; — c'est la fin de l'Empire turc, qui n'a que trop duré, le refoulement du bestial peuple d'Othman en Asie, et la reconstitution d'un grand royaume de Grèce, qui rendra la vie à tant de belles provinces, désolées par une farouche oppression ; — c'est enfin la fédération des trois nations latines, pressentie et dénoncée par tous les peuples rivaux, parce qu'elle est naturelle, logique et forcée.

Déjà, en plein moyen âge, un mémorable exemple de ce genre de ligue défensive était donné par une province de la vieille Gaule, la Bretagne, se confédérant avec l'Irlande, l'Écosse et les derniers Bretons du pays de Galles, afin d'aider ces tribus celtiques, essaimées de nous, à défendre leur héritage contre la conquête des Anglo-Normands, aidés des contingents de l'Allemagne (2). Ces vaillants succombèrent pour s'y être pris trop tard.

(1) Joseph Ferrari. *L'Annexion des Deux-Siciles.*

(2) « De nos jours plus qu'à aucune autre époque, on admirera les efforts des peuples bretons en faveur d'une nationalité attaquée avec des forces supérieures par des puissances de premier ordre. Leur dessein de réunir et de faire revivre, sous forme de fédération, les rameaux détachés de la souche commune, n'était pas dénué d'intelligence politique ; quelque bizarres que puissent paraître les moyens que leur patriotisme leur suggéra pour vaincre la fortune, on reconnaitra que leur but était noble et grand .. » — H. de La Villemarqué : *l'Enchanteur Merlin,* p. 289.

. Attendrons-nous, nous aussi, qu'il soit trop tard pour nous prémunir contre les masses innombrables et cupides du Nord ?

Sans dérouler ici tous ses avantages dans l'avenir, la Fédération latine présente deux résultats immenses et immédiats :

1° D'expulser, par la seule union de nos forces, et peut-être sans verser de sang, l'Étranger de tout ce qu'il occupe dans nos trois territoires, et de finir ainsi les unités française, italienne et ibérique;

2° De diminuer de moitié les armées permanentes qu'à l'heure présente chacun de nos peuples en particulier est forcé d'entretenir et qui nous ruinent. Quand notre assurance mutuelle sera établie, après la grande levée de revendication, nous pourrons nous contenter de la moitié de notre effectif actuel, au moins comme troupes de terre, puisque le chiffre des trois contingents prêts à se réunir pour se porter au point menacé, se trouvera encore supérieur à ce que nous pouvons mettre aujourd'hui individuellement sur pied. Quelle économie dans nos budgets, de plus en plus écrasants !

Passons au détail de ces deux points, si dignes de tout notre intérêt.

II

L'UNITÉ FRANÇAISE.

Henri IV avait dit : « Je veux bien que la langue espagnole demeure à l'Espagnol ; l'allemande à l'Allemand, mais toute la française doit être à moi. — C'était poser les véritables limites de la France. — Richelieu le comprit, et il dit à son tour : « Le but de mon ministère a été celui-ci : Rétablir les limites naturelles de la Gaule ; identifier la Gaule avec la France, et partout où fut l'ancienne Gaule constituer la nouvelle (1). »

Voilà, en peu de mots, toute l'œuvre poursuivie par nos rois depuis huit siècles, depuis que la dynastie nationale et gallo-romaine des Capet fut portée au trône pour sauver la France, presque perdue dans le morcellement féodal et dans l'occupation étrangère, au Nord et à l'Est.

Jusqu'à 1789, cette œuvre réparatrice n'a pas été perdue de vue un seul instant. Les moins énergiques de nos princes s'y donnèrent tout comme les autres. Si Louis XIV nous avait rendu la Flandre, la Franche-Comté, l'Alsace, la ligne du Rhin, un cinquième de la vieille Gaule, Louis XV nous donna la Lorraine et le Barrois. Au commencement de 1789, la cour de Vienne, sentant glisser entre ses mains les Pays-Bas autrichiens, la Belgique et ses

(1) Ed. Fournier. — *L'Esprit dans l'Histoire*, p. 250.

annexes, était toute décidée à les céder à Louis XVI, comme dot de Marie-Antoinette, plutôt que de se les laisser arracher ouvertement par le nombreux parti qui voulait la réunion à la France. — Et c'est parce que nous devons à cette royale Maison des Capet notre existence nationale, nos annales les plus glorieuses, tout ce que nous sommes, en un mot, que son souvenir sera toujours respectable et cher à tout bon Français, et qu'un intérêt familial, qui tient aux sentiments les plus nobles et les plus patriotiques, ne cessera jamais de s'attacher à ses descendants.

La Révolution française, dans sa prodigieuse expansion, nous donna d'un bond les Pays-Bas qu'on marchandait encore, et ce qui manquait de nos frontières naturelles. — L'Empire consolida par les traités les justes et légitimes reprises de la République. — Trop heureux si ce même Empire se fût contenté des limites naturelles, enfin obtenues après tant de siècles de revendication !

En sortant de notre monde romain, en passant le Rhin pour s'immiscer dans les affaires intérieures des Allemards, en donnant à ses parents des couronnes allemandes, en annexant à ses États des provinces d'outre-Rhin, en subalternisant toute la Germanie, Napoléon manquait à toutes les lois de la politique et de la prudence. Il provoquait des représailles qui ne manquèrent point. Concentré dans la vieille France, il eût été invincible ; débordé sur le Nord comme une immense inondation, l'étendue de la circonférence à défendre, dès qu'il n'attaqua plus, devait causer et causa en effet sa perte.

Entrés chez nous à la poursuite de leur conquérant abattu, les peuples du Nord nous eussent rayés de la liste des nations, si la chose eût été faisable. La Sainte-Alliance nous démembra cependant autant qu'elle le put. Des roitelets allemands ne craignirent pas de mordre à nos dépouilles et de se partager les lambeaux de la France rhénane. Des villes, françaises depuis Louis XIV, des forteresses bâties par Vauban, passèrent sous le joug étranger. L'Allemagne vint planter ses postes avancés au cœur de nos provinces, comme un défi perpétuel. La Belgique, toute cette belle vallée de Namur et de Liége, que Napoléon appelait « notre brave petite France de Meuse, » et qui nous aime toujours, nous furent arrachées et mariées violemment à la Hollande. — Et ce n'était rien encore auprès de ce que l'on rêvait! Alexandre de Russie ne montra-t-il pas plus tard à M. de Richelieu cette fameuse carte de France, refaite par le Conseil des souverains alliés, où l'Alsace et la Lorraine étaient données au duc de Bade, la Flandre française avec Dunkerque à la Hollande; la Franche-Comté, la Bresse et le Dauphiné à la Suisse; je ne sais plus quelle province maritime à l'Angleterre, et le reste divisé en deux ou trois misérables États, aussi importants en Europe que le Hanovre et le Wurtemberg !

Ce que le seul droit de la Force nous ravissait, de par une politique barbare et inintelligente, il était bien entendu que la Force nous le rendrait, le jour où nous aurions réparé nos pertes et reformé nos légions. — Quelle est la préoccupation nationale, depuis cette fatale époque? A quoi songent sans cesse nos hommes d'État, nos historiens, nos poëtes même, d'accord avec le sentiment populaire, si ce n'est à refouler l'étranger au delà du Rhin, à refaire notre unité territoriale, à être enfin chez nous, comme jadis nos pères?

« En roulant dans le Palatinat cis-rhénan, écrivait Châteaubriand (en 1835), je songeais que ce pays formait naguère un département de la France, que la blanche Gaule était ceinte du Rhin, écharpe *bleue* de la Germanie. Napoléon, et la République avant lui, avaient réalisé le rêve de plusieurs de nos rois et surtout de Louis XIV. Tant que nous n'occuperons pas nos frontières naturelles, il y aura guerre en Europe, parce que l'intérêt de la conservation pousse la France à saisir les limites nécessaires à son indépendance nationale. Ici, nous avons planté des trophées pour réclamer en temps et lieu (1). »

« ..... Les guerres de Napoléon, dit-il ailleurs, ont divulgué un fatal secret : c'est qu'on peut arriver en quelques journées de marche à Paris, après une affaire heureuse ; c'est que Paris ne se défend pas ; c'est que ce même Paris est beaucoup trop près de la frontière. La capitale de la France ne sera à l'abri que quand nous posséderons la rive gauche du Rhin (2). »

L'auteur d'un très-remarquable article, publié l'année dernière sur ce même sujet, dépeignait ainsi la situation faite au système défensif de la France par cette brèche ouverte dans notre territoire :

« Sa frontière est excellente à l'ouest, au sud, et, depuis qu'elle a repris le versant français des Alpes, au sudest. Sa frontière du nord, de Dunkerque à Montmédy, est, au contraire, tout artificielle ; mais elle est couverte par la neutralité de la Belgique (3). De Montmédy à Lauterbourg, jusqu'au confluent de la Lauter et du Rhin, elle est mauvaise, quoique couverte en partie par les Ardennes et par les Vosges, traversée seulement, comme elle l'est, par des fleuves qui ont leur cours perpendiculaire à la limite, et ouvrent ainsi des routes naturelles pour pénétrer dans le pays, et privée par les traités qui ont enlevé à la France Landau, Sarrebruck et Sarrelouis, des forteresses qui pouvaient la couvrir. Quant à la zone qui s'étend, à l'orient, de Wissembourg à Bâle, le long du Rhin, elle serait excellente, quoi que l'on puisse dire de l'insuffisance des grands fleuves navigables comme frontières stratégiques, dans

(1) *Mémoires d'Outre-Tombe*, t. VI, p. 129.

(2) *Outre-Tombe*, t. V, p. 36.

(3) Une belle plaisanterie, que la neutralité de la Belgique ! — Attendez une coalition du Nord contre nous, et vous verrez à quoi elle servira ! — Songez seulement à Anvers, fortifié contre nous par l'ordre de l'Angleterre !

l'état actuel des sciences militaires, si tous ses avantages n'avaient pas été paralysés par l'enlèvement de Landau et la démolition d'Huningue, qui permettent, au nord et au sud de tourner la ligne du Rhin, qui annulent les Vosges et frappent les forteresses de l'Alsace d'impuissance, portes ouvertes sur la France par les haines de la coalition, et dont le danger s'est aggravé depuis par la construction de nouvelles forteresses allemandes au nord de cette zone, et par l'acquisition, faite par la Prusse, il y a douze ans, des deux principautés de Hohenzollern. » (1).

Nous ne voulons rien de ce qui est à autrui ; mais nous voulons tout ce qui est légitimement à nous : le bassin des Gaules, tel que la nature l'a délimité, tel que César l'a décrit. — Nous avons recouvré la Savoie qui, elle, au moins, était entre des mains amies. Il nous faut tout ce que la coalition possède encore de notre territoire, comme porte ouverte pour nous envahir : — La Suisse-Française, toute la rive gauche du Rhin et la Belgique.

Aidons l'Italie à achever son organisation, en lui rendant Rome et en lui prêtant la main pour la reprise de Venise. Elle aura cinq cent mille hommes à notre disposition, et ce sera vraiment jouer de malheur si, avec ces forces ajoutées aux nôtres, nous ne nous remettons pas bientôt, de gré ou de force, en possession de ce qui nous manque de notre héritage. — Il ne sera pas même besoin de l'Espagne, pour l'exécution de cette première partie du programme fédératif latin.

« Nous a-t-on assez ménagés, pour que nous soyons si sensibles aux inquiétudes de nos ennemis? L'Angleterre et l'Autriche ont toujours été et seront toujours les adversaires naturels de la France ; nous les verrions demain s'allier de grand cœur à la Russie, s'il s'agissait de nous combattre et de nous dépouiller. » (2).

(1) J.-B. Labiche. *Presse* du 14 octobre 1861.
(2) Châteaubriand. — *Outre-Tombe*, t. V, p. 24.

III

L'UNITÉ ITALIENNE.

« Ce grand et puissant royaume d'Italie aurait con-
« tenu la maison d'Autriche sur terre et sur mer. Ses
« flottes, *réunies à celles de Toulon*, auraient dominé la
« Méditerranée et protégé l'ancienne route du commerce
« des Indes par la mer Rouge et Suez. »

Qui a dit cela? Est-ce un moderne utopiste, un de ces
publicistes infortunés que *la Gazette* et *la France* fou-
droyent de leurs sarcasmes et de leur victorieuse polé-
mique? — Non, c'est tout simplement Napoléon, expli-
quant à ses familiers de Sainte-Hélène les projets de sa
glorieuse épopée, leur donnant les raisons de sa conduite
envers l'Italie.

« La réunion du Piémont à la France, disait-il, celle
« de Parme, de la Toscane, de Rome, n'avaient été que
« temporaires dans ma pensée, n'avaient d'autre but que
« de surveiller, garantir et avancer l'éducation nationale
« des Italiens. »

Et il ajoutait :

« Napoléon voulait recréer la patrie italienne, réunir
« les Vénitiens, les Milanais, les Piémontais, les Génois,
« les Toscans, les Parmesans, les Romains, les Napoli-
« tains, les Siciliens, les Sardes, dans une seule nation
« indépendante ; c'était le trophée immortel qu'il élevait
« à sa gloire. »

Voilà cependant bien l'unité nationale réalisée par Victor Emmanuel, et qu'on nous présente aujourd'hui comme « une invention des sectaires, imposée aux populations par le poignard et la terreur. » — Aussi, un judicieux esprit, relevant de très-haut et avec infiniment de sens ces ridicules attaques, pouvait-il dire hier :

« On va répétant sans cesse que l'unité italienne est une idée de Mazzini ; en ce cas, il l'aurait empruntée à Napoléon Ier, qui l'a eue avant lui. Non, disait récemment un Italien (1), ce n'est pas une idée mazzinienne, c'est une idée napoléonienne. Il avait peut-être raison. Dès le moyen âge, l'Italie aspirait à l'unité ; ses plus grands écrivains ont appelé l'unité de leurs vœux ; mais, parmi les Italiens, les uns la voulaient guelfe, les autres gibeline, et si leurs divisions ont été perpétuelles et acharnées, c'est que deux partis égaux en force se battaient pour faire cette unité de deux façons fort différentes, ceux-ci avec l'Empereur, ceux-là avec le Pape. Napoléon a le premier indiqué l'unité actuelle, qui n'est ni gibeline ni guelfe, mais italienne, nationale, en même temps que monarchique. Mazzini et les sociétés secrètes ont travaillé pour l'unité républicaine ; mais les Italiens, loin de recevoir leur mot d'ordre, se sont raliés à l'unité monarchique, ce qui est quelque peu différent. Leur attitude est conforme au vœu qu'exprimait Napoléon et non à celui de Mazzini..... (2) »

L'Italie n'a jamais cessé d'être unitaire depuis les temps de la splendeur romaine. Réunie définitivement en un seul État sous Auguste, elle conserva pendant six siècles cette complète unité, que la conquête lombarde vint faire sortir du domaine des faits, mais dont le besoin et la volonté ne cessèrent plus d'être la loi dominante des populations italiennes. — On peut même dire que, bien que divisée

(1) M. Constant Ferrari.
(2) Eug. Yung. *Journal des Débats*, 30 octobre 1862.

depuis cette époque en plusieurs États, elle garda encore bien longtemps une sorte d'autonomie, résultant de la parité de langage, de lois et de mœurs, ainsi que de la tradition. Il y avait, au moyen âge, cent fois plus d'unité en Italie que chez la plupart des autres nations émiettées par la féodalité. Tous ses princes étaient italiens. Et l'idée du retour de toute la Péninsule à un seul et grand État, était si bien dans les esprits et transmise de générations en générations, que chaque prince, chaque république essaya, tour à tour, de grouper à soi les autres provinces, pour refaire l'unité nationale. La ligue des villes lombardes en est un exemple. — Jean-Galéas Visconti fut sur le point de se proclamer roi d'Italie. Plus tard, la république de Venise toucha au moment de réunir toute l'Italie septentrionale et centrale, et n'en fut empêchée que par les manœuvres du Pape Jules II. — Comme le déclare fort bien Machiavel, c'est à la Papauté que l'Italie a dû ses longues divisions, l'impossibilité de reconstituer son unité, et enfin la perte de son indépendance. — Si les Papes fussent toujours restés à Avignon, où la chrétienté les acceptait tout aussi bien qu'à Rome, l'Italie eût certainement retrouvé son unité au quinzième ou au seizième siècle.

En réalité, ce n'est qu'à partir de la ligue de Cambrai (1508), dont le Pape Jules II fut l'ardent promoteur, que l'Italie, devenue le champ de bataille permanent de toutes les autres nations, connut la domination étrangère et perdit réellement son indépendance, ainsi que l'espérance toujours caressée de se trouver unie sous un seul pouvoir.

Malgré cela, et en dépit du temps écoulé, l'idée d'une patrie unique, grande et forte, était restée tellement vivace au cœur des Italiens, que tous se dévouèrent avec enthousiasme à Napoléon, lorsqu'il rétablit, dans le Nord, le premier *Royaume d'Italie*, qui devait, dans sa pensée, réunir peu à peu toute la Péninsule (1), et constituer une

____

(1) « Les Italiens, disait-il en 1805, à Milan, au duc Melzi, les Italiens

puissance indépendante de premier ordre sous un prince de sa maison.

C'est par une proclamation unitaire que Murat soulevait toute l'Italie, en 1814. Si, au lieu du courage vulgaire du soldat de fortune, il eût eu la hauteur d'intelligence de Bernadotte ou de Davoust, il pouvait rallier l'admirable armée italienne d'Eugène, organiser le mouvement national, et peut-être se faire adjuger cette splendide couronne, dans l'incertitude où les alliés étaient sur le sort à faire à l'Italie, que l'Autriche, quelque peu après, sut escamoter (c'est l'unique mot) avec tant d'audace et de ruse.

La chute de Napoléon, le dépecement de l'Italie par les Allemands, ne font qu'exaspérer les impatiences unitaires. Dès lors l'unité est le mot d'ordre de la longue conjuration contre l'étranger, qui, tous les dix ans à peu près, éclate en révolution ouverte et sanglante, jusqu'au jour de la grande, mais encore incomplète libération de 1859. — En 1821, la noblesse militaire du Piémont inscrit sur les drapeaux de son inutile mais généreuse levée de boucliers : « Indépendance de l'Italie, Unité. » — Et chaque mouvement qui suit répète ce programme.

Or, voici que dans ces derniers temps, des gens qui ont sans doute lu l'histoire au rebours, d'anciens démagogues passés papistes, par esprit de contradiction au sens commun, MM. Pelletan et Proudhon, qui confessent n'avoir jamais mis les pieds en Italie, viennent crier au public que les Italiens n'ont jamais été, ne sont pas unitaires, qu'on leur fait une odieuse violence, qu'ils veulent leur ancienne organisation en petits États, basée sur le « *génie natio-*

« ne voient-ils pas que la constitution de leur nationalité commence
« par un État qui comprend déjà le tiers de toute l'Italie !..... Puis-je
« tout accomplir en un jour ? »

nal, » et qu'ils brûlent de revoir et de reprendre l'aimable collection de ducs, grand-ducs, archiducs, dont le pays se trouve privé, bien malgré lui, depuis tantôt quatre ans. — On nous affirme avec aplomb que la tradition et le caractère italien sont incompatibles avec l'unité. — L'honorable rédacteur en chef de *la Presse* a excellemment répondu à cette absurde prétention :

« L'incompatibilité du génie italien avec toute constitution unitaire, est une de ces idées qui ont l'étrange privilége d'entrer dans les esprits et de s'y fixer, même lorsque l'évidence prouve qu'elles méritent à peine le nom de préjugé. Devant cette objection de la routine, l'Italie a imité le philosophe qui marcha pour prouver le mouvement. Au lieu de perdre son temps à discuter, elle a agi, fait l'unité et cimenté la patrie commune par de nouvelles lois et de nouvelles institutions. Depuis trois ans, la fédération a plus d'une fois essayé de se produire ; elle n'a pas réussi à obtenir un vote, une sympathie, un moment d'attention. Elle fut proposée d'abord avec les préliminaires de Villafranca : rallia-t-elle au moins les futurs confédérés? Pas un seul. Ni Victor-Emmanuel, ni les Bourbons, ni le Pape ne l'ont prise au sérieux, et déjà, à la paix de Zurich, on n'en parlait plus que comme d'une chimère. » (1).

Un autre grand argument contre l'unité italienne, c'est la situation faite à la Papauté par cette nouvelle organisation de la Péninsule. La Papauté, écrivent les uns et prêchent les autres, la Papauté ne saurait exister sans le pouvoir temporel. Rendre Rome à l'Italie, c'est vouloir anéantir le Saint-Siége, et conséquemment le Catholicisme dont il est la base.

Et pourquoi cela? — Le très-pieux Joseph de Maistre, celui-là qui disait : « Le diamètre du Piémont n'est point

____

(1) A. Peyrat. *Presse*, 30 octobre 1862.

en rapport avec la grandeur et la noblesse de la maison de Savoie ; » Joseph de Maistre lui-même ne craignait pas de proposer, en 1799, l'installation de la dynastie sarde, de Charles-Emmanuel IV, grand-oncle de Victor-Emmanuel, à Rome, en lui donnant les États-Romains et toute l'Italie centrale (1). Il savait bien, ce grand catholique, que l'Église, sa hiérarchie et ses dogmes sont indépendants de tout intérêt terrestre et matériel, et que la chaire de saint Pierre n'avait pas joui d'une moindre autorité, d'un prestige moindre, pendant les longs siècles où le Pape n'était que l'hôte de cette même ville de Rome, alors gouvernée par des délégués impériaux ou par ses propres magistrats, jusqu'au jour encore peu loin de nous (2) où le successeur de l'humble pêcheur de Galilée, le vicaire de celui qui annonçait le détachement du pouvoir et des richesses comme nécessaire pour entrer dans le royaume des cieux, usurpa sa souveraineté.

Le non moins pieux et non moins orthodoxe César Balbo n'annonçait-il pas en ces termes, dans son célèbre livre *Des Espérances de l'Italie*, la fin prochaine de la domination temporelle des Pontifes romains :

« Il n'y a ni à le regretter ni à tenter vainement de changer un fait désormais accompli. Laissons et le Pape et le sacerdoce tout entier à ces hautes et nombreuses fonctions plus ou moins spirituelles qui réclament de nos jours leurs efforts soutenus. Ils ont à compléter la défaite (commencée par d'autres) de toute philosophie anti-chrétienne..... Ils ont aussi cette magnifique tâche de la réunion des dissidents au catholicisme..... »

Du reste, la question est aujourd'hui celle-ci : — Le droit des peuples étant donné de choisir ou de refuser leurs gouvernements, savoir si la France, qui est actuellement constituée d'après ce principe, peut légalement et

(1) Voir sa correspondance diplomatique.
(2) Quinzième siècle.

rationnellement imposer plus longtemps la souveraineté temporelle pontificale aux Romains, qui n'en veulent à aucun prix et qui brûlent de se réunir au reste des Italiens.

— Mais, s'écrie un certain parti, si le Pape perd son pouvoir temporel, que deviendra-t-il? Où se réfugiera le Saint-Siége?

D'abord le pouvoir temporel du Pape est aujourd'hui un vain mot. — Le souverain de Rome, c'est le général de la garnison française, qui ne relève pas du tout du Pape. En réalité, le Pape est bien plus sujet de l'Empereur des Français qu'il ne le serait de Victor-Emmanuel, dans l'hypothèse de l'arrangement que l'Italie désire, et qui finira certainement par avoir lieu.

Le Pape doit être indépendant de sa personne : ainsi l'admet l'Italie. — Supposez-le au Vatican, dans la cité Léonine, laissée en toute propriété à l'Église et neutralisée, entouré des ambassadeurs des puissances catholiques, d'un Sacré-Collége dont chaque membre a le rang de grand dignitaire du royaume, riche d'un budget de dix ou douze millions, chef révéré du monde catholique, et, à ce titre, sacré aux yeux de tous, des Italiens les premiers; et dites si cette grande et majestueuse position n'est pas infiniment plus convenable, plus digne du Vicaire du Christ, que le pitoyable chaos dans lequel il se débat aujourd'hui, s'accrochant en vain à un lambeau d'autorité mensongère qui le fait maudire par vingt-cinq millions d'hommes et de catholiques ?

Une solution ne saurait se faire attendre de ce côté. — Les Romains sont à bout de patience, et il faudra bien qu'un de ces jours on leur dise ce qu'on veut faire d'eux : si l'on entend les traiter en hommes libres comme nous, ou en ilotes à jamais condamné

. Après Rome, l'unité italienne a encore d'autres revendications à exercer. Il lui faut Venise et ses provinces, qui attendent toujours la réalisation du noble programme

français de Milan : « Libres des Alpes à l'Adriatique. » —
Il lui faut le Tessin, cette partie du Milanais volée par les
Suisses à Louis le More; le Trentin, porte de la Péninsule
du côté du Tyrol; l'Illyrie et la Dalmatie, filles de Venise
par la langue, le souvenir et l'affection; et enfin Malte,
la grande forteresse de la Méditerranée, aujourd'hui cap-
tive anglaise par le plus criant et impudent abus de la
force.

Tout cela manque au monde latin. On nous le rendra,
ou nous le reprendrons.

Il est bon maintenant de dire un mot d'une bien niaise
idée que les journaux réactionnaires, et après eux M. Proudhon, se sont égosillés à répéter sur tous les tons : —
« Une fois l'Italie grande puissance, elle se tournera aussitôt contre la France, par jalousie des services reçus, et
prêtera ses forces à la première coalition formée contre
elle. »

Et pourquoi cela, bon Dieu ! — Mais en admettant
même que les Italiens n'aient pas le plus vulgaire sentiment de reconnaissance, de solidarité de race, ce sont des
hommes, au bout du compte, qui savent raisonner et cal-
culer aussi bien que les autres. — Or, pense-t-on qu'ils
ne comprennent pas fort bien qu'une fois la France abat-
tue, si bien organisés qu'ils se soient faits, ils ne tarde-
raient pas à être écrasés de nouveau sous l'invasion du
Nord, de ces Germains si avides de leur soleil et de leur
argent ? — Croit-on que la douloureuse expérience de
1814 soit oubliée de sitôt ? — Non, non ! Les Italiens ont
d'abord plus de cœur, et ensuite plus de sens commun que
cela. Ils savent parfaitement que la perte de la France serait aussitôt celle de l'Italie. — Et je ne crains pas d'ajou-
ter que celle de l'Italie serait désormais également la
nôtre.

Entre l'Italie et la France, pour parler la langue des
politiques du jour, il y a plus que de l'affection naturelle,

il y a des intérêts réciproques et solidaires. — Au point de vue politique, il nous importe d'introduire une nouvelle grande puissance de notre race dans le conseil amphictyonique de l'Europe, où la France est seule contre quatre ennemies-nées. — Au point de vue matériel, il n'importe pas moins que nous réservions à notre industrie, à notre commerce, ce magnifique marché de vingt-cinq millions d'âmes, cet immense terrain de mutuel échange. — Comme l'écrivait avec une incontestable justesse un rédacteur du *Journal des Débats*, M. Chemin Dupontès, traitant cette question si importante : « Entre la France et l'Italie, le courant commercial n'est pas à établir ; il existe depuis des siècles ; il ne s'agit que de l'élargir et de le fortifier. Il existe, en un mot, entre les soixante-deux millions d'hommes de race latine qui forment l'empire de France et le nouveau royaume d'Italie, et que lient déjà de profondes et traditionnelles sympathies, tous les éléments d'un grand commerce de terre et de mer qui, si l'unité politique de l'Italie ne doit pas demeurer un rêve, atteindra certainement le plus haut degré de splendeur. Affranchir l'Italie, l'appeler à l'indépendance nationale, à la liberté politique, c'était certainement une grande œuvre, la plus grande que pût entreprendre au dehors le gouvernement impérial et qu'assurément il ne voudra pas laisser inachevée ; elle sera l'un de ses plus beaux titres devant les générations. Mais il en reste une autre à accomplir, qui appelle également nos efforts, nos sympathies, et que le traité nous facilitera : c'est de porter sur cette terre sacrée des sciences, des lettres et des arts, les conquêtes modernes du travail, du commerce et de l'industrie, sans lesquelles, de nos jours, il ne saurait être de grande nation (1). »

(1) *Débats*, 15 octobre 1862.

IV

L'UNITÉ IBÉRIQUE.

« Dans un temps donné, la France aura sa part du Rhin et ses frontières naturelles.

« Cette solution constituera l'Europe, sauvera la sociabilité humaine et fondera la paix définitive.

« Tous les peuples y gagneront. L'Espagne, par exemple, pourra redevenir puissante. L'Angleterre voudrait faire de l'Espagne le marché de ses produits, le point d'appui de sa navigation ; la France voudrait faire de l'Espagne la sœur de son influence, de sa politique et de sa civilisation. Ce sera à l'Epagne de choisir : continuer de descendre ou commencer à remonter ; être une annexe à Gibraltar, ou être le contre-fort de la France.

« L'Espagne choisira la grandeur (1). »

Ces pensées, si saisissantes et si vraies d'un grand poëte, semblent avoir dicté la dépêche-circulaire qu'adressait, le 30 mai 1860, M. Thouvenel, ministre des affaires étrangères de France, à l'Angleterre, l'Autriche, la Prusse et la Russie. — Le lendemain même de la conclusion de la guerre que l'Espagne venait de faire au Maroc, acte décisif d'affranchissement de la lourde prépondérance anglaise, le

(1) Victor Hugo. *Le Rhin*, t. IV.

gouvernement français, par une généreuse et fraternelle initiative, proposait aux quatre autres grandes puissance : de l'accepter désormais parmi elles, de replacer cette noble et vaillante nation au rang d'où un concours d'affligeantes circonstances l'avaient successivement fait descendre.

« La situation de l'Espagne, disait le ministre français, après la guerre qu'elle vient de terminer si heureusement, parait au gouvernement de l'Empereur digne de l'intérêt particulier des grandes cours. Par suite d'événements qu'il serait inutile de rappeler, cette puissance a cessé d'être admise à participer aux affaires générales. En effet, elle a pris part aux délibérations de 1815 ; mais bientôt, cédant aux nécessités intérieures de la nature la plus grave, elle s'est vue momentanément dans l'impossibilité de continuer le rôle qui lui avait été accordé sans difficulté au Congrès de Vienne. C'est ainsi qu'elle est restée éloignée des réunions ultérieures des grandes puissances, et que, depuis, elle n'a plus pris la place qui lui avait été assignée dans les Conseils de l'Europe.

« . . . . Par l'étendue et la richesse de son territoire, par le chiffre de sa population, par l'importance de ses colonies en Amérique et dans les deux Indes, l'Espagne possède tout ce qui constitue une grande puissance, et la guerre qu'elle vient de mener à si bonne fin révèle les éléments de force et de puissance qu'elle renferme en elle..... »

Cette démarche, qui avait assurément de son côté e bon droit et la justice, échoua devant l'opposition ouverte de trois au moins, des puissances consultées. Seule de la Sainte-Alliance, l'Autriche atténua de paroles polies son refus. — Un de nos écrivains les plus intelligents et les plus populaires, M. Alexandre Bonneau, appréciait alors en ces termes la louable tentative du gouvernement impérial :

« C'est avec joie, a dit M. de Rechberg, que l'Autriche accueille la proposition du gouvernement français tendant à faire admettre l'Espagne dans le concert des grandes puissances. Mais d'autres cabinets, moins catholiques, sont, nous assure-t-on, bien loin de partager la satisfaction éprouvée par la cour de Vienne. Leur opposition est basée sur des intérêts, des répugnances et des appréhensions qui n'ont rien de commun avec les principes de justice qui devraient dominer en Europe.

« L'Espagne était investie, en 1815, du rôle qu'on réclame aujourd'hui pour elle. Un long épuisement, résultat de ses dissensions intestines, l'a fait déchoir de ce haut rang; mais elle a réparé ses forces, restauré ses finances, réorganisé son armée, rétabli sa marine, et reconquis ses éperons dans une guerre glorieuse contre le Maroc.

« Pourquoi donc lui refuserait-on le droit de siéger dans le grand aéropage? N'a-t-elle pas, avec une unité nationale plus compacte, dix-sept à dix-huit millions d'habitants comme la Prusse, et ne l'emporte-t-elle pas sur ce dernier État comme puissance maritime et comme métropole de vastes et florissantes colonies peuplées de cinq millions d'habitants?

« Au point de vue d'un véritable équilibre, sa présence est légitime et nécessaire dans les conseils de l'Europe. Parmi les cinq grandes puissances, deux appartiennent à la race germanique, à laquelle se rattache l'Angleterre, tandis que la race latine n'est représentée encore que par la France. Le cabinet des Tuileries a donc raison d'insister pour faire admettre l'Espagne dans le concert d'une politique, à notre avis trop exclusive, qui, sur deux cent soixante-treize millions d'habitants que renferme notre continent, en tient à l'écart près de cent millions, et nous espérons que la France saura surmonter les difficultés qu'on lui oppose encore (1). »

La France s'est comportée là en digne fondée de pou-

(1) *Opinion Nationale,* juin 1860.

voirs des nations Latines. — Comment le gouvernement Espagnol a-t-il répondu à cette touchante avance, qui portera ses fruits tôt où tard, et qui lui montrait la voie à suivre désormais envers la France et l'Italie, les deux seules alliées naturelles désintéressées qu'il y ait pour l'Espagne.

Certes, le peuple espagnol est un grand et noble peuple. Il a toutes les qualités de notre race, et, s'il était livré à son propre instinct, il ne sortirait de lui que de belles et bonnes choses. Mais il subit en ce moment un gouvernement qu'aucune épithète ne saurait assez énergiquement caractériser : illégitime et usurpateur au premier chef, suivant les règles de la légitimité, et cependant affichant un culte du droit divin et des principes rétrogrades, à laisser dans l'ombre les dynasties les plus pures de toute souillure révolutionnaire, telles que celles d'Autriche et de Russie. — Pouvoir tristement avili, qui use au profit de ses caprices insensés toutes les forces vives de la nation, et qui est cause qu'elle n'est pas, depuis vingt ans, au rang qu'elle devrait occuper. Les quelques progrès matériels qu'a faits l'Espagne, ont eu lieu en dehors de lui, la plupart même malgré lui. S'il en trouvait les moyens, il ramènerait ce beau pays au temps regretté de l'inquisition et de la royauté absolue. C'est là sa préoccupation unique, la seule chose à laquelle il travaille un peu vigoureusement.

Voilà comment, avec son régime constitutionnel et une population foncièrement libérale et généreuse, l'Espagne s'est vue, dans ces deux dernières années, traînée à la remorque de l'Autriche, et amenée à une hostilité ouverte contre la France, qui lui tendait une main loyale et amie; contre l'Italie, dont la lutte d'indépendance avait droit à toutes ses sympathies, à son aide le plus énergique. — Le gouvernement d'Isabelle, souveraine de fait révolutionnaire, s'est épuisé en efforts malveillants contre l'Italie, et la force seule lui a manqué pour intervenir plus efficacement en faveur du Pape et du roi de Naples. Il n'a pas reconnu le nouveau titre de Victor-Emmanuel, même après la Prusse et la Russie. — Dans l'expédition concertée du Mexique, il a traîtreusement abandonné le petit corps français en face de l'ennemi, espérant attirer quelque désastre mémorable sur notre drapeau. — En un mot, il n'y a pas d'occasion qu'il ne saisisse pour jeter de haineux souvenirs entre le peuple espagnol et ceux vers qui l'appellent ses destinées naturelles.

C'est donc ailleurs qu'il faut se tourner pour trouver l'élément régénérateur qui lancera franchement l'Espagne dans la voie du progrès, et rendra possible son union avec les deux nations sœurs qui lui ouvrent leurs bras; car, malgré la conduite de leurs gouvernants actuels, l'Italie n'en veut point aux Espagnols, et, quand le moment sera venu, elle se joindra de tout son cœur à la France pour assurer leur place dans la grande fédération.

Comme la France et l'Italie, l'Espagne est foncièrement monarchique. Il serait superflu d'attendre d'une autre forme de gouvernement la résurrection nationale et morale que nous désirons pour elle. — Si sa dynastie actuelle est jugée et condamnée comme nuisible et impuissante, quelle autre la remplacera donc, et viendra accomplir cette grande œuvre à laquelle s'est refusé la néo-légitimité d'Isabelle?

A l'ouest de la péninsule Ibérique, existe un petit peuple, frère de l'Espagnol, dont la langue n'est qu'un dialecte du castillan, que les hasards de la reconquête de l'Espagne sur les Maures ont constitué en royaume indépendant, et dont le renom, malgré son territoire exigu, a brillé jadis à l'égal des plus grandes nations. On a déjà nommé le Portugal.

Fief de l'Angleterre pendant de longues années, le Portugal s'est affranchi, de nos jours, de cet humiliant vasselage. Ce pays de quatre millions d'âmes, presque perdu de vue et oublié à l'extrémité de l'Europe, a eu le courage de réagir, sans appui du dehors, contre la décadence qui l'avait envahi et qui l'éteignait peu à peu. — Il a adopté résolument les principes et les institutions du siècle (1). Il s'est donné une Constitution libérale, un Pouvoir fort et respecté; et la nouvelle maison de Bragance compte aujourd'hui dans le petit nombre des races souveraines qu'un pacte mutuel d'affection et d'estime unit à leurs sujets. Sympathique à la France et pénétré de son esprit, imbu de ses tendances civilisatrices et généreuses, l'antipode de celles de l'Angleterre, le Portugal est, en outre, la première puissance qui ait reconnu le royaume d'Italie. Le mariage du roi Louis Ier avec la fille de Victor-Emmanuel a prouvé récemment que cette reconnaissance empressée n'était pas seulement un acte politique, mais bien l'expression d'un cordial et fraternel intérêt, de Portugais à Italiens.

Attiré par la digne attitude, par les sentiments vraiment généreux de ce peuple et de cette maison royale, un nombreux parti s'est formé en Espagne pour demander, à l'exemple de l'Italie, la fusion des deux Etats de la Péninsule en un seul, sous la couronne de la dynastie de Bragance. Les adeptes de l'unité Ibérique sous cette forme comptent déjà dans leurs rangs la plupart des hommes distingués de l'Espagne et la presque unanimité des Portugais. La maison de Bragance est évidemment appelée, dans un temps prochain, à remplir dans la Péninsule Ibérique le même rôle que la maison de Savoie en Italie, toutes deux s'appuyant l'une sur l'autre.

(1) Voir sur ce noble peuple, trop peu connu jusqu'ici en France, sur son esprit, ses ressources et son avenir, le magnifique ouvrage, qui a eu un si grand succès dans ces dernières années : LE PORTUGAL ET LA MAISON DE BRAGANCE, par M. A.-A. Texeira de Vasconcellos, de l'Académie Royale de Lisbonne. (*En français, Paris,* 1860.)

Une femme aussi haut placée par l'esprit que par la naissance, et qui s'est passionnée depuis longtemps pour ces graves mais entraînantes questions, Madame la princesse Marie de Solms, écrivait, il y a quelques jours, dans une brochure qui a été remarquée (1), les phrases frappantes de vérité et de prévision que voici :

« Quand on examine attentivement la position du Piémont vis-à-vis de l'Italie il y a quelques années, on est frappé de la similitude qui existe entre lui et le Portugal.

« En effet, en Italie, une vaste péninsule s'étend, soumise à des gouvernements divers, habitée par une population aspirant à l'unité; au Nord, dans un coin de cette langue de terre, est un petit État, médiocre par l'étendue, mais grand par les idées qui y fermentent. Cet État, qui n'est presque rien dans l'ensemble du pays, s'étend tout à coup, poussé visiblement par la main de Dieu : il grandit, il se développe, il s'allonge, et bientôt il s'absorbe dans l'Italie tout entière qui devient alors un pays unanime.

« En Espagne, nous voyons également une vaste péninsule, dominée par un seul gouvernement clérical. Dans la nation, les esprits s'agitent, les intelligences demandent d'autres aliments : l'âme oppressée réclame la liberté. A l'ouest de cette nation, dans une portion du même territoire, est un peuple de même race, parlant la même langue, ayant les mêmes mœurs; moins soumis au joug clérical que son voisin, que son frère, il est bien plus près de l'unité peut-être et de l'indépendance certainement. C'est de là que doit partir bientôt le signal de l'unité Ibérique : et, répondant aux cris d'un des côtés de la

(1) *Le Mariage et l'Avenir du Portugal*, par le vicomte Mary de Tresserve (pseudonyme de Madame de Solms).

Méditerranée : Italie ! Italie ! l'autre côté répondra à son
tour : Ibérie ! Ibérie ! »

Le Roi de Portugal est un noble et intelligent prince,
qui ne faillira pas à la grandiose mission qu'un prochain
avenir lui réserve. — Par ses vertus publiques et privées,
par son ralliement spontané aux idées modernes, la maison
de Bragance est digne de la haute fortune à laquelle
l'appelle le vœu populaire dans les deux pays.

« ..... Mais, dit l'écrivain que je viens de citer déjà,
mais il lui faut surtout de l'énergie morale et de la patience
pour conquérir la place qu'elle doit occuper parmi les familles appelées à être de vraies têtes de nation. Elle vient
maintenant de contracter avec l'Italie une alliance qui relie
par le même principe deux points opposés du monde latin ;
elle n'a plus qu'à prendre exemple sur la Maison de Savoie,
pour apprendre comment on triomphe de tous les obstacles
en marchant haut et ferme dans sa voie, et en créant son
droit à de hautes destinées par la conquête des sympathies
de tous les hommes intelligents, et par la propagation des
grandes idées qui distinguent notre époque. »

Comme l'Unité italienne, l'Unité Ibérique a pénétré
d'une manière ineffaçable les esprits de la Péninsule his-
pano-portugaise. Dans le domaine des idées, elle est moralement faite. Dans la pratique, il ne lui faut que quelques
années pour être réalisée ; un grand événement, comme il
peut s'en produire à chaque instant, une guerre euro-
péenne, par exemple, qui mette une bonne fois certains
peuples à même de compter avec leurs gouvernements. Le
jour où l'Espagne et le Portugal seront réunis, il y aura là,
pour la Fédération latine, une nation de vingt-deux millions d'âmes, qu'il faudra bien, bon gré malgré, que le
Nord accepte comme grande puissance, avec une marine
de premier ordre, des ports magnifiques, des colonies

splendides, les seules presque qui restent aux Latins ; et ce jour-là, Gibraltar, la clef de la Méditerranée, la porte de l'Espagne, sortira, de façon ou d'autre, des serres des Anglais, ces rapaces vautours, ces effrontés voleurs de grande route, que l'on trouve, comme dit Victor Hugo, embusqués au coin de chaque peuple et de chaque continent.

V

LA FÉDÉRATION ÉTABLIE.

J'ai suffisamment détaillé l'immense intérêt qu'offre à chacun de nos trois peuples latins la mise en commun de leurs forces et de leurs ressources. Reste, maintenant, le côté pratique de cette ligue, qui sera aisément saisi en peu de mots.

La France possède. . . . . . .   40,000,000 d'âmes.
L'Italie. . . . .   25,000,000 —
La Péninsule Ibérique. . . .   22,000,000 —

Total. 87,000,000

Pour une grande guerre de premier établissement entraînant la reprise, par la France, de la Belgique et du Rhin; celle, par l'Italie, de tout son littoral vénitien et illyrien sur l'Adriatique; celle de Gibraltar par l'Espagne, ces trois puissances peuvent fournir :

La France . . 800,000 h. et 100 navires de 1er rang.
L'Italie. . . . 500,000 h. et 70 —
L'Ibérie . . . 400,000 h. et 70 —

Ci. . . 1,700,000 h. et 240 bâtiments.

Une fois la lutte terminée, — et elle ne serait pas longue, — une fois notre unité à chacun carrément établie, la

Fédération pourrait alors désarmer et se contenter d'avoir, comme cadres :

La France	300,000 hommes.
L'Italie.	150,000 —
L'Ibérie	100,000 —

Soit. . . . . 550,000 hommes en trois corps d'armée, se garantissant l'un par l'autre, et susceptibles, par un bon système de réserves, d'être doublés du jour au lendemain, c'est-à-dire d'offrir une force inattaquable au reste du monde entier, si une folie soudaine venait à lui prendre. — La flotte militaire se règlerait sur la même proportion.

En même temps que cette ligue des forces, seraient établis : une ligue douanière contre le dehors; le libre échange absolu au dedans; une monnaie uniforme; l'égalité des citoyens des trois peuples devant la loi de chacun d'eux; en un mot, tout ce qui peut tendre à une fusion complète des intérêts nationaux et privés, tout en laissant à chaque État sa parfaite action indépendante dans ses limites intérieures.

Un conseil exécutif composé de délégués des trois gouvernements, à nombre égal, administrerait la Fédération, et siégerait alternativement, pour une année, à Paris, à Rome et à Madrid.

La Fédération n'aurait pas à s'occuper des changements qui pourraient survenir dans le gouvernement intérieur de chacune des trois nations. — Son rôle serait surtout de défense contre le dehors, de règlement des affaires du monde latin avec l'étranger. — Au dedans, la plus entière liberté pour chaque peuple de s'organiser et de s'administrer comme mieux lui semble.

Rien de plus simple à réaliser que ce plan, colossal en apparence.

Il est certain que l'initiative, dans une telle entreprise, doit partir de la France.

Que le gouvernement français rende Rome aux Romains, qui se donneront le jour même à l'Italie, et qu'il propose à Victor-Emmanuel le pacte d'alliance fédérative. Les Italiens accepteront avec enthousiasme. Une fois ce premier point, et le plus important, bien établi, les deux pays n'auront qu'à tendre la main à l'Ibérie, et l'Ibérie sera, de par le vœu de l'immense majorité de sa population, et elle prendra place à nos côtés, parce que là est la vie, parce que là est l'avenir.

Et alors nous chasserons l'étranger de nos héritages. Puis une fois tout-puissants, nous constituerons nos frères roumains sur le Danube, et nous en ferons un grand État, sur lequel ira régner le prince Napoléon, à l'avant-garde du monde latin.

Nous rétablirons dans ses frontières légitimes la Grèce, notre amie naturelle. Elle prendra pour roi un fils de Victor-Emmanuel, et refleurira à l'ombre de cette civilisation que, jadis, nous avons reçue d'elle (1).

(1) Il n'y a pas, dans tout cet exposé, une seule ligne donnée à la fantaisie. C'est la réalité nette, précise et pratique, qui se produira forcément, tôt ou tard, par la seule marche du temps. — Ainsi, en ce qui concerne la Grèce, voici comment s'exprimait, au mois de juin 1860, le principal journal d'Athènes, *Hélios* (*Le Soleil*), à propos de la révolution sicilienne :

« La Sicile, qui jadis faisait partie de la Grèce, nous demande des secours. Aidons-la du mieux que nous pourrons. Si nous n'avons pas de Timoléon à envoyer à Garibaldi, envoyons-lui de l'argent, des vivres et des soldats. La voix de la liberté se fait entendre des rives de la Sicile à celles de la Grèce ; quand la Sicile sera libre, elle viendra délivrer les îles Ioniennes, la Crète, Chypre, Rhodes, l'Épire et la Thessalie.

« Quand Victor-Emmanuel possédera l'Italie entière, il sera, dans les conseils de l'Europe, le chaleureux protecteur de *l'unité hellénique*. D'accord avec lui, les Français affranchiront les Grecs, leurs frères, du joug impur de l'Ottoman. Secourez donc, ô Grecs, les concitoyens d'Archimède, de Diodore, de Théocrite. La lutte que soutiennent en ce moment les Siciliens est une lutte grecque. »

Est-ce assez clair ?

Le rôle des Grecs régénérés en Orient sera immense. — Avec Amé-

Nous affranchirons l'Irlande, nation celte et catholique, parfaitement distincte de l'Angleterre, et qui n'a pas cessé de nous attendre, à toute époque, à toute heure, depuis le Moyen-Age, parce que les prophéties de ses bardes et son instinct lui disent que le salut doit venir de notre côté.

Et alors, attirant dans notre orbite la Hollande, agrandie au Nord en échange de Luxembourg, l'union scandinave, augmentée de la Finlande, qui lui appartient, puissances de second rang, mais nullement à dédaigner, qui ont tout à gagner à notre alliance, rien à perdre, nous serons la première et la plus puissante race du globe par le poids matériel, comme nous n'avons jamais cessé de l'être par l'intelligence et la civilisation.

J'ai dit, au début de ce travail, que je ne cherchais qu'à vulgariser des idées pénétrées déjà dans la conscience nationale, et qui demandent impérieusement à se traduire en faits palpables et vivants, dans un délai que l'on pourrait établir sans se tromper de beaucoup. — A chaque instant je rencontre la manifestation de ces mêmes idées dans les œuvres et sous les formes les plus diverses. — Ainsi, voici ce qu'écrivait spontanément l'autre jour un journaliste visitant les travaux de percement du Mont-Cenis, et songeant tout aussitôt à ce que la ligue entre nos peuples allait y gagner :

« Le tunnel des Alpes soudera littéralement dans le granit l'alliance de l'Italie et de la France ; ce qui servait d'obstacle entre les deux peuples servira désormais de trait d'union.

« Quel immense courant d'échanges et de relations s'établira par cette issue ouverte ! Que d'espace, que de temps et aussi de préjugés supprimés entre deux nations

dée de Savoie à Constantinople, avec le magnanime Abd-el-Kader, empereur d'Arabie, tant de magnifiques contrées, aujourd'hui vouées à la barbarie la plus dégradante, refloriront et ouvriront d'inépuisables marchés à notre industrie et à nos échanges.

de même origine, se pénétrant mutuellement par leurs idées et leurs intérêts semblables !

« Grâce au tunnel des Alpes, qu'aucune puissance humaine ne pourra fermer une fois ouvert, l'Italie constituée ne pourra jamais plus briser les liens de notre alliance, lors même qu'elle aimerait mieux se suicider en rappelant les Autrichiens chez elle.

« Qu'on fasse seulement du côté des Pyrénées ce qu'on fait du côté des Alpes, — l'œuvre serait encore plus facile, — et la cohésion de la race latine, France, Espagne, Italie, formera un triangle indestructible qu'aucun événement politique ni militaire ne pourra ébranler. » (1)

Et quoi de plus touchant que ces phrases d'une récente publication que j'ai déjà citée plus haut (2) :

« . . . .

« Ah ! comme on le portera haut et radieux le flambeau de la civilisation, quand il sera placé entre les mains de ces trois fortes et généreuses sœurs : la France, l'Italie, l'Ibérie ! Marchant à la tête des nations, sa clarté ardente illuminera la grande voie ouverte au progrès ; et malheur à ceux qui, par amour du passé ou par haine de l'avenir, voudraient l'éteindre. La flamme, se retournant contre leur souffle, les dévorerait.

« Lorsque, devant la carte de l'Europe rectifiée, nos neveux se rendront compte de l'immense travail qu'a dû nécessiter l'enfantement de toutes ces glorieuses nationalités, ils comprendront tout ce qu'il y a de grand et de vraiment héroïque dans ce siècle. Ils admireront le génie et la longue patience qu'il a fallu aux chefs des gouvernements pour fixer les limites des États.

« Ils se diront aussi qu'il y avait quelque chose d'irré-

(1) Fr. Ducuing, *Opinion nationale*, 4 octobre 1862.

(2) *Le mariage et l'avenir du Portugal.*

sistible dans l'agglomération de plus de quatre-vingts millions d'hommes qui, à côté du nom de leur patrie respective, avaient encore dans le cœur celui d'une patrie commune, le Latinisme, et opposaient à l'absolutisme du Nord le régime représentatif, au droit divin le droit des peuples. »

FIN